Tässä on...

60 eläinlorua

Mirrille ja Jessille

MIX
Paperi vastuullisista lähteistä
Paper from responsible sources
FSC® C105338
FSC
www.fsc.org

Pilvi Valtonen

Tässä on... 60 eläinlorua

Teksti: Pilvi Valtonen
Kannen kuva: Tiina Karppi

© Pilvi Valtonen 2017
Kustantaja: Books on Demand GmbH, Helsinki, Suomi
Valmistaja: Books on Demand GmbH, Norderstedt, Saksa
ISBN: 978-952-286-330-425-3

Tässä on Sinulle loruja,
täynnä iloja sekä poruja.
On monia kivoja aiheita,
elämän eri vaiheita,
leikittelyä suomen kielellä,
riimittelyä hyvällä mielellä.


Loruterveisin
Pilvi

Tässä on aasi,

jolla on vaasi.

Siellä säilyttää appelsiinejä

ja lautasliinoja fiinejä.

Sekä superpalloja, kynttilöitä,

keskeneräisiä käsitöitä.

Sellainen on järkevä aasi,

jolla on monikäyttöinen vaasi.

Tässä on alligaattori,
jolla on separaattori.
Lippahattu täynnä kukkia
aina kävelee ilman sukkia.
Se valmistaa satoja pirtelöitä
ja viettää kauniita kesäöitä.
Sellainen on alligaattori,
talvisin on imitaattori.

Tässä on antilooppi,

jolla on stetoskooppi

ja avaimenperä, rihmarulla,

tarjottimella dallaspulla.

Niistä se yrittää rakentaa

nopeaa avaruussukkulaa.

Sellainen on taitava antilooppi,

sukkulaan sopii stetoskooppi.

Tässä on kiukkuinen apina,

jolla on menossa kapina:

"Miksi en muka saa nenää kaivaa,

eihän siitä ole kuin pikkuisen vaivaa?"

Äitinsä hillopurkin ojentaa

ja sitä kaivamaan komentaa.

Sellainen on herkkusuu apina,

jolta loppu on kiukku ja napina.

Tässä on suuri elefantti,
jolta kadonnut on lantti.
Se etsii joka paikasta,
mutta raha pysyy piilossa.
Yht'äkkiä hurjasti aivastaa
ja kolikko esiin tupsahtaa.
Sellainen on elefantti,
jonka kärsästä löytyi lantti.

Tässä on hermostunut emu,
jonka ongelma on outo lemu.
"Mikä ihme lienee hajun lähde?"
asuntonsa siivoaa sen tähden.
Vihdoin huomaa, kolme viikkoa
käyttänyt on samoja sukkia!
Sellainen on helpottunut emu,
puhtailla sukilla poistui lemu.

Tässä on raivokas etana,

tahtoo maaliin aina ekana.

Hiihtokisoissa onneaan koittaa,

hermostuu, jos toinen voittaa.

Vihdoin ymmärtää, ei ole järkeä,

jos voitto ainut on asia tärkeä.

Sellainen on lempeä etana,

ei haittaa, jos toinen on ekana.

Tässä on kaunis rouva gekko,

jolla on uusi tanssimekko.

Herra gekko pokkaa,

rouvan mukaansa koppaa.

Valot vilkkuu, jive alkaa,

vauhdikkaasti nostaa jalkaa.

Sellainen on hengästynyt gekko,

kauniisti keinuu tanssimekko.

Tässä on iloinen gorilla,

joka myy marjoja torilla.

Kauppaa mansikoita, puolukoita

ja kaupan päälle mustikoita.

Mutta itsensä ruokatunnilla

ravitsee kolmella hillomunkilla.

Sellainen on ahkera gorilla,

kesätyössä kauppatorilla.

Tässä on hamsteri,

joka on gangsteri.

Roskia heittää lattialle

ja piilottaa sänkyyn peiton alle.

Vasta sitten ymmärtää lopettaa,

kun ei sänkyynsä mahdu nukkumaan.

Sellainen on fiksu hamsteri,

roskista käyttää entinen gangsteri.

Tässä on vauhdikas harakka,

jonka pyörästä puuttuu tarakka.

Se aiheuttaa suurta ongelmaa;

kuinka perhettä mukana kuljettaa?

Juustohöylästä apu tuli,

kiinnitykseen purukumi.

Sellainen on näppärä harakka,

jolla on kaupungin makein tarakka.

Tässä on mainio haukka,
jonka lempinimi on Maukka.
Vaan oikeasti ja virallisesti
nimetty on Mauno Virtaseksi.
Veikko etunimi on keskimmäinen,
ja Ilmari nimistä jälkimmäinen.
Sellainen on hauska haukka,
Mauno Veikko Ilmari, eli Maukka.

Tässä on herra heinäsirkka,

jonka etunimi on Pirkka.

Se käyttää silinterihattua,

tarjoilee valtavasti kakkua.

On herra vailla huolen häivää,

ystävineen viettää nimipäivää.

Sellainen on juhlava heinäsirkka,

nimipäiväsankari herra Pirkka.

Tässä on tahdikas herra hiiri,

jonka harrastus on tanhupiiri.

Ennen kuin tanssiparilleen pokkaa,

hän tarjoilee tälle hernerokkaa.

Ja kotivideoitaan näyttää,

kaiken viehätysvoimansa käyttää.

Sellainen on herra hiiri,

tanhuparin nimi on Siiri.

Tässä on pieni hilleri,

jolla on päänsärkypilleri.

Se istuu, vartoo ja odottaa,

josko pian alkaisi jomottaa.

Se on jo vähän huolissaan,

kun ei päätä koske ollenkaan.

Sellainen on hupsu hilleri,

jolla aivan turhaan on pilleri.

Tässä on ylpeä hummeri,
jolla on uusi ovisummeri.
Koko päivän summeria soittaa,
edelliset äänet koittaa voittaa.
Illalla kuuluu: "Nyt hiljaisuus,
vaikka summeri ois' aivan uus'!"
Sellainen on raukea hummeri,
tyynyllänsä ovisummeri.

Tässä on pieni, likainen hylje,
joka ei koskaan mielellään kylve.
Isä uhkailee ja maanittelee,
hylje likaisena kiemurtelee.
Isä ainetta kaataa, hylje hyppää mukaan,
eihän kylpyvaahtoa vastusta kukaan.
Sellainen on putipuhdas hylje,
vaahtokylvyssään kun kylpee.

Tässä on viluinen hämähäkki,

jolla on paksu untuvatäkki.

Lämminvesipullo ja villasukka,

karvahatun alla piilossa tukka.

Avantouinnilla itseään karaisee,

siksi lämmikkeitä tarvitsee.

Sellainen on viileä hämähäkki,

jolle on tarpeen untuvatäkki.

Tässä on hurja härkä,

joka on litimärkä.

Mustikoita poimi unissaan,

kunnes tunsi, jokin kutittaa.

Muurahaisia turkissa parvi,

vesipatjan puhkaisi sarvi.

Sellainen on kuiva härkä,

riippumatossa ei ole märkä.

Tässä on kameleontti,

joka on hirmuinen rontti.

Meininki on aivan hirveä,

se ei lainkaan kierrätä!

Sekaisin heittää purkit, pahvit,

lumput, lehdet, vanhat kahvit.

Sellainen on järjetön kameleontti,

jos ei meno muutu, on sotkussa tontti.

Tässä on tottelematon kana,
jota kiinnostaa vesihana.
Keittiössä vettä valuttaa,
kunnes äitinsä pois taluttaa.
Sitten kipin kapin juoksee
suoraan vessan hanan luokse.
Sellainen on sinnikäs pikkukana,
jolle "ei" on täysin vieras sana.

Tässä on kani,

joka on fani.

Se ihailee formula-autoja

ja suuria Amerikan rautoja.

Itse joka paikkaan, säällä kuin säällä,

matkustaa potkulautansa päällä.

Sellainen on hyväkuntoinen kani,

autourheilun suuri fani.

Tässä on nautiskeleva kettu,
jonka suurin herkku on lettu.
Joka aamu ja välipalalla
syö letun savukalalla.
Raejuusto, porkkana päivälliseksi
letun väliin sopii täydellisesti.
Sellainen on tyytyväinen kettu,
iltaisin kermavaahdolla maistuu lettu.

Tässä on korea neiti kisu,

joka on melkoisen ihana misu.

Turkin föönaa, kynnet lakkaa,

meikkipussin mukaan pakkaa.

Yliopistossa opettaa

avaruusteknologiaa.

Sellainen on älykäs tyttökisu,

joka on muutakin kuin misu.

Tässä on vastuuton kivitasku,
jolla on valtava sähkölasku.
Jatkuvasti kaikki valot päällä,
patteri täysillä hellesäällä.
Sähkölaitteita koskaan ei sulje,
ei ekologista polkua kulje.
Sellainen on toivoton kivitasku.
"Sammuta valot!" Johan pienenee lasku.

Tässä on tuskastunut koi,

jonka korvissa vinkuu ja soi.

Korvissa kuin palopilli

musiikki soi aivan villi.

Ylösalaisin kun asettuu,

meteli vihdoin rauhoittuu.

Sellainen on rauhoittunut koi,

päällään seisoo, ei vingu, ei soi.

Tässä on krokotiili,
jonka bestis on siili.
Toinen iso ja toinen pieni,
tapaamispaikkana kärpässieni.
Krokon nahka siilin piikit kestää,
ei ystävyyttä voi mikään estää!
Sellainen on onnekas krokotiili,
jonka paras ystävä on siili.

Tässä on huolestunut kukko,
on hukassa päiväkirjan lukko.
Kirja kainalossaan pakoilee,
epäilee, joku juttuja vakoilee.
Kunnes muistaa, että piilossa,
lukko on viljasiilossa.
Sellainen on huojentunut kukko,
jonka päiväkirjassa on lukko.

Tässä on epätoivoinen käärme,
jonka housuista ratkesi päärme.
Se tilannetta taivastelee,
valittaa ja voivottelee.
Vihdoin pulmansa ratkaisee,
housuistansa lahkeet katkaisee!
Sellainen on kätevä, pätevä käärme,
ei haittaa, jos shortseista puuttuu päärme.

Tässä on lohduton lahna,
jolta loppu on hammastahna,
ketsuppi sekä sinappi
ja jopa kurkkusalaatti.
Mutta onneksi yläkerran Elliltä
saa tuoretta pullaa suoraan pelliltä.
Sellainen on onnekas lahna,
enää ei harmita hammastahna.

Tässä on suloinen lammas,
jolta on tippunut maitohammas.
Se vaikka miten irvistää,
kolo kavereilta piiloon jää.
Hampaan hoksaa pujottaa nauhaan
ja laittaa keikkumaan kaulaan.
Sellainen on tyylikäs lammas,
kaulakoruna maitohammas.

Tässä on herttainen leppäkerttu,
jonka nimi on Marja-Terttu.
Lukee lapsille usein satuja,
kunnossa pitää hiihtolatuja.
Ystäville leikkaa kauniit tukat
ja kastelee taloyhtiön kukat.
Sellainen on ihana leppäkerttu,
kaikki sanovat: "Kiitos Marja-Terttu!"

Tässä on epäreilu liero,

joka on luonteeltaan melko kiero.

Ei limpparia koskaan jaa tasan,

karkkia kahmii isoimman kasan.

Mutta kerran paljon isompi kyy

sille samalla tavalla käyttäytyy.

Sellainen on tasapuolinen liero,

ei tahdokaan enää olla kiero.

Tässä on hurjan nälkäinen lokki,
joka on melko kehno kokki.

Kun lämmittää hernekeittoa,
niin tarvitsee sammutuspeittoa.

Vihdoin keksii soittaa: "Pian tuokaa
ravintolanne parasta ruokaa!"

Sellainen on kekseliäs lokki,
taitava oli pitserian kokki.

Tässä on säästäväinen lude,
jonka intohimo on matonkude.
On kudetta täynnä pussit ja säkit...
Saksen vauhtiin! Huivit ja vanhat täkit,
kalaverkot ja villahuopikkaat,
ne kaikki nauhaksi leikataan.
Sellainen on ihana, höppänä lude,
eikö pikkuhiljaa jo riittäisi kude?

Tässä on touhukas mehiläinen,
joka on hyvin salaperäinen.
Se hääräilee ja puuhastelee,
synttärijuhlia valmistelee.
Tiivistyy tunnelma ja jännitys,
kimalaiselle kuiskaa: "Yllätys!"
Sellainen on kiltti mehiläinen,
kimalaiselle yllätys äärimmäinen.

Tässä on kiireinen mustekala,
jolla kesken on iltapala.

Se lonkeroillaan ruokaa kahmii,
maiskuttelee, jopa ahmii.

Samaan aikaan keittää lisää pastaa,
perunaa voisulaan kastaa.

Sellainen on ahmatti mustekala,
milloinkohan loppu on iltapala?

Tässä on hätääntynyt mäyrä,

jonka lipputanko on aivan käyrä.

Kun yrittää sitä suoristaa,

se paikoiltaan pois singahtaa.

Vihdoin viimein periksi antaa

ja tangon lammen rantaan kantaa.

Sellainen on levollinen mäyrä,

onkivavaksi salko on sopivan käyrä.

Tässä on hyvin hiljainen naakka,

jolle ujous on aivan valtava taakka.

Uskalla ei leikkiin sännätä mukaan,

liikaa jännittää, vaikka ei kiusaa kukaan.

Rohkeutensa kerää ja yllättää,

varovasti mukaan lennähtää.

Sellainen on leikkisä, iloinen naakka,

jolle ujous on taakse jäänyt taakka.

Tässä on pieni omenamato,
jolla on aivan hirmuinen sato.

Kaikin voimin se yrittää ehtiä
tehdä jokaiseen omppuun reikiä.

Lopulta kutsuu ystävät mukaan,
omenoita ilman ei jää kukaan.

Sellainen on nokkela omenamato,
tuhottuna kohta on koko sato.

Tässä on papukaija,

jolla on nasta faija.

Ajelevat vuoristoradassa

ja soittavat bassoa vajassa.

Harrastavat uimahyppyjä,

pelkäävät saavansa ryppyjä.

Sellainen on papukaija,

jolla on ihan hassu faija.

Tässä on vilkas pelikaani,

joka on melkoinen huligaani.

Lattialle kaataa lelukorin,

kaiken jättää aivan sikin sokin.

Lopuksi kauniisti anteeksi pyytää,

halauksia ja suukkoja syytää.

Sellainen on muuttunut pelikaani,

ei tahdokaan olla huligaani.

Tässä on reipas peltopyy,

joka pikkuleipiä pihalla myy.

Yökaudet marjamehua keittää,

taikinaan jauhot mukaan heittää.

Päivisin kauppa käy täyttä päätä,

mehukannuun laittaa lisää jäätä.

Sellainen on ahkera peltopyy,

lomamatkaan säästää, siinäpä syy.

Tässä on pöllö,

joka on töllö.

Se keikkuu vaarallisesti puussa

ja puhuu aina ruoka suussa.

Se ajaa kolmipyörällä

joskus melkein ilman käsiä.

Sellainen on kaistapää pöllö,

joka on aivan hirmuinen töllö.

Tässä on riikinkukko,

joka on siisti ukko.

Ikkunat pesee, mattoja tamppaa,

edes' takas' imurin kanssa ramppaa.

Illalla elokuvan äärellä nyyhkii,

suklaamurut pyrstöönsä pyyhkii.

Sellainen on riikinkukko,

nautiskeleva, romanttinen ukko.

Tässä on rotta,

jolla on potta.

Se harrastaa ruutuhyppelyä

ja rakastaa kesämökkeilyä.

Jos se yllätysvieraita saa,

se pottaan ne kaikki majoittaa.

Sellainen on sukurakas rotta,

jolla onneksi on suuri potta.

Tässä on rusakko,

joka on tosikko.

Ei koskaan nauruun pyrskähtele,

ei hymyile, edes hymähtele.

Mutta öisin sängyn alla salaa,

vitsikirjaa ylösalaisin tavaa.

Sellainen on naurava rusakko,

joka ei taidakaan olla tosikko.

Tässä on salamanteri,
jonka nimi on Santeri.
Mutta joskus se tahtoo leikkiä
Pekkaa, Paavoa tai Heikkiä,
sekä kissaherra Maukkista
ja opettaja Kauppista.
Sellainen on salamanteri,
oikealta nimeltään Santeri.

Tässä on sairas sarvikuono,
jonka olo on aivan huono.

On syönyt liikaa makeaa;
kovaa, pehmeää ja rapeaa.

Jos kunnioittaa karkkipäivää,
ei ole pahoinvoinnin häivää.

Sellainen on terve sarvikuono,
opiksi otti, ei olo ole huono.

Tässä on käytännöllinen siili,
jonka ostoslistassa lukee viili
ja tiili sekä grillihiili.
Niitä kaupasta hankkii siili.
Sitten aloittaa aherruksen villin,
kun uusista tiilistä muuraa grillin.
Sellainen on taitava siili,
uudessa grillissä kypsyy viili.

Tässä on silli, jolla on grilli
ja takataskussa vappupilli.
Kun se pillillä töräyttää,
heti ystävä paikalle pöräyttää.
Ne grillaavat hillosipuleita
ja kertovat juttuja tapahtuneita.
Sellainen on vieraanvarainen silli,
jonka hommaksi jää pestä grilli.

Tässä on punasteleva simppu,

mukanaan valtava kukkakimppu.

Puheestaan muistaa vain osia,

jännittää, on tarkoitus kosia.

Hissillä nousee toiseen kerrokseen,

kelloa painaa, kravatin oikaisee.

Sellainen on rakastunut simppu,

morsiamella valtava kukkakimppu.

Tässä on hermostunut skunkki,

jonka turkissa pyörii punkki.

Ei skunkki lainkaan voi ymmärtää,

miksi punkki selässä temmeltää.

Kiitoradalla punkki odottaa,

lentokonetta saapuvaa.

Sellainen on helpottunut skunkki,

jumbojetillä poistuu punkki.

Tässä on rouva strutsi,

joka on rento mutsi.

Ei valita hajuista, meluista,

eikä lojuvista leluista.

Mutta perjantaisin ei siedä mölyä,

silloin koko perhe pyyhkii pölyä.

Sellainen on rouva strutsi,

joka on sopivan tiukka mutsi.

Tässä on tuskastunut särki,

jolta melkein loppuu järki.

Palapeliä yksin ei valmiiksi saa,

kaikki kaverit kutsuu auttamaan.

Kamuja saapuu kolmekymmentäkuusi,

kukin palasen laittaa, peli on kuin uusi.

Sellainen on onnellinen särki,

yhdessä ystävillä riitti järki.

Tässä on hätkähtelevä tikka,

jolla on aivan hirmuinen hikka.

Se yllättäen tärähtelee,

hypähtää ja säpsähtelee.

Kunnes keksii, jos täysillä soi poppi,

tulee hikalle takuuvarmasti stoppi.

Sellainen on tasapainoinen tikka,

jolla on hikan karkoituskikka.

Tässä on innostunut turska,

jonka harrastus on tomaattimurska.

Pussia, pulloa, tölkkiä, purkkia,

täyttää asunnon kaikkia nurkkia.

Maukasta keittoa murskasta laittaa vois',

raaski niitä vain ei käyttää pois.

Sellainen on keräileväinen turska,

ongelmaksiko koituu tomaattimurska?

Tässä on nyrpeä varsa,

jolle ei maistu parsa.

Se polkee jalkaa, irvistelee,

kiukkuaa ja kiljahtelee.

Maistuisiko siirappikostutus

tai värikäs strösselikuorrutus?

Sellainen on innokas varsa,

sokeroituna maistuu parsa.

Tässä on vakava vesilisko,

jolla on uusi pikkusisko.

Se pohtii: "Riittääkö rakkaus,

kun kotiin tullut on uusi pakkaus?"

Äiti kertoo: "Kun lapsia on kaksi,

kasvaa rakkaus tuplasti suuremmaksi."

Sellainen on ylpeä vesilisko,

sylissään uusi pikkusisko.

Tässä on raukea virtahepo,
jonka lempipuuhaa on lepo.
Päivät pitkät riippumatossa
se makaa jalat katossa.
Mutta sunnuntaisin tanssii humppaa
ja torstaisin harrastaa telinejumppaa.
Sellainen on hikinen virtahepo,
jolle liikunnan jälkeen maistuu lepo.